100 VILLES
100 BLAGUES

ISBN 978-2-35756-043-7

Jean-Marie
Bigard

100 villes
100 blagues

EDITIONS INTERVISTA

Avant-propos

Une **blague** c'est avant tout une **histoire**. Avec un début, un milieu et une fin, comme un livre, un film ou une bande dessinée.

Bien malin celui qui pourrait dire comment elles naissent et combien d'auteurs ont mis leurs pierres à l'édifice.

Et bien plus malin encore celui qui pourrait nous dire pourquoi, dans leur immense majorité, elles ne meurent jamais… C'est un mystère.

La blague, une fois prête à être racontée, se faufile avec habileté au travers de toutes les époques.

Si jamais elles prennent quelques rides en vieillissant, il y aura toujours quelqu'un pour les rajeunir en changeant simplement un nom, une date ou en la reliant à un événement récent.

Les blagues sont immortelles, comme les paraboles des grands saints et des grands prophètes.

Pour ma part, j'ai une préférence pour les blagues fulgurantes, celles qui mettent entre cinq à dix secondes à déclencher un rire.

Tu te rends compte, faire rire la personne qui est en face de toi, c'est la meilleure des intentions. Encore faut-il que tu racontes bien… Connard !!!

Allez… je te donne un exemple tout simple :

« C'est la fesse gauche qui dit à la fesse droite :
C'est moi, ou ça pue dans le couloir !!! »

Oui ! J'te rappelle… J'suis en plein tournage, hein…
Excusez-moi… c'est le… le bulot…
Ah ! le bulot ! le bulot !
Voilà… bienvenue à la Martinique…
En cas de dépressurisation de la… l'appareil… un préservatif tombera automatiquement à portée de votre visage… Tirez sur le préservatif… appliquez-le sur le nez… Et respirez normalement…

C'est parti !

Tu sais combien de temps met une femme qui a ses règles pour changer une ampoule ?
Tu sais pas ?
Ça prendra le temps qu'ça prendra !

C'est un mec qui arrive chez le médecin qui lui dit :
— Monsieur, faut absolument que l'on vous greffe des oreilles, sinon heu… vous allez devenir complètement sourd. Il faut agir, heu… vite, on a justement la possibilité d'en avoir.
Bon bah le mec, il dit :
— Allons-y, j'passe sur le billard et tout, hop.
Il l'opère, ça se passe très bien et, huit jours après, le mec, il revient et le docteur lui dit :
— Ça va ? Pas de bourdonnement ?
— Nan, nan, impeccable. Le seul truc qui m'ennuie, c'est que vous m'avez greffé des oreilles de femme, hein… heu… et vraisemblablement, c'était une blonde… je crois.
Et le médecin, il dit :
— Nan mais attendez, qu'est-ce que vous me racontez, moi j'sais même pas.
Il pianote sur l'ordinateur, il regarde et il dit :
— Oui effectivement, ce sont des oreilles de femme et la dame était blonde. Mais comment vous avez deviné ?
— Bah, M'sieur, j'entends tout et je comprends rien.

C'est le p'tit frère qui dit à sa grande sœur :
— Heu… tu peux m'expliquer quand même… heu… comment, heu… on fait des enfants ?
Et sa grande sœur :
— Bon, écoute… heu… les enfants, pfut… c'est dur à expliquer. T'es encore petit… heu… les enfants… heu… écoute : papa, il met une graine, si tu veux dans… dans la choupinette de… de maman… et heu… et…
Elle regarde sa montre, elle est en retard.
— Et après, il la pousse dans le fond avec sa bite, voilà !

C'est un couple de Belges qui se promène sur la plage. Ils regardent les mouettes qui passent et, tout d'un coup, une mouette chie sur la gueule du Belge, la femme court vers la bagnole, va chercher un rouleau de papier cul, elle le ramène à son mari et il dit :
— Bah, c'est trop tard, elle est partie !

Et tu sais ce que dit la jambe droite à la jambe gauche d'une blonde en rentrant des vacances ?
— On s'est pas vues depuis trois semaines.

C'est un mec qui demande à sa femme :
— Dis-moi chérie, pourquoi tu me dis jamais quand tu jouis ?
Et sa femme elle dit :
— Bah, tu m'as interdit de t'appeler au bureau !

C'est le *Titanic* qui est en train de couler, tu vois. Et tout d'un coup, y a deux mecs qui se précipitent dans une des chaloupes. T'as deux officiers qui sont là, et y en a un qui dit :
— Dites donc, hé, ho ! Les gars, j'vous signale qu'il reste des femmes à bord, hein !
Et t'as un des deux gars qui dit :
— Ha bah, parce que vous croyez que c'est le moment de niquer !

C'est le paysan qui revient du salon de l'Agriculture et il a ramené des préservatifs parfumés à sa femme, tu vois, il a ramené : framboise, cacahuètes, fruit de la Passion, tu vois. Des trucs parfumés de couleurs différentes et il dit à sa femme :

— Voilà, on va éteindre la lumière, je vais mettre un préservatif et tu devras reconnaître le goût.

Sa femme elle dit :

— Ouais, OK, d'accord.

Il éteint la lumière, sa femme se met à genoux et y déballe le truc. Sa femme lui attrape la bite et lui fait :

– Roquefort.

— Nan chérie, attends, j'en ai pas mis encore.

Un mec dit à une fille après lui avoir fait l'amour :

— Si j'avais su que tu étais vierge, j'aurais pris mon temps.

Et la fille, elle dit :

— Bah, si t'avais pris ton temps, j'aurais retiré mon collant !

C'est un couple d'amoureux qui vient de faire l'amour. Ils ont fait l'amour toute la nuit. Et le matin le mec dit :
— Chérie, je vais te chercher des croissants.
— Ho, c'est gentil mon amour.
— Je t'en prends combien ?
— Bah ! Écoute, prends-en autant de fois qu'on a fait l'amour.
— Bon ! D'accord.
Il arrive à la boulangerie et là, arrive son tour. Il est très fier. Il dit à la boulangère :
— Madame, je voudrais six croissants.
Après il se reprend et dit :
— Non, heu, cinq croissants et un pain au chocolat...

C'est un Corse qui passe à la douane avec un sanglier sur l'épaule et le douanier lui dit :
— Vous avez rien à déclarer ?
— Non...
— Vous vous foutez de ma gueule, et ça ?
Le Corse fait :
— Argh ! La sale bête... *(Jean-Marie fait semblant de faire tomber la bête.)*

C'est le mec, il est dans une grande surface avec son Caddie et puis tout d'un coup, y a une dame qui lui tape sur l'épaule. Il se retourne. Et là, droit dans les yeux, elle lui dit :

— Monsieur, vous savez que j'ai une enfant à vous.

— Ho ! Pardon !

— Nan, nan, mais j'vous demande rien. Elle est très gentille et pis qu'est-ce qu'elle vous ressemble.

— Han ! Attendez qu'est-ce que vous me dites… Enfant de moi. Mais j'ai jamais trompé ma femme… Sauf un jour, dans une partouze immonde. C'est pas vous que j'ai prise sur la machine à laver pendant qu'un pote me rentrait un concombre dans le cul ?

Elle dit :

— Non ! Non ! Vous y êtes pas du tout… Quand je dis que j'ai une enfant à vous : je suis sa prof d'histoire géo !

Le mec, il arrive chez le médecin qui lui dit :
— Monsieur Martin, j'ai deux très mauvaises nouvelles pour vous.
— Bon, bah allez-y !
— D'abord vous avez un cancer.
— OK. Et c'est quoi la deuxième mauvaise nouvelle ?
— Bah monsieur Martin, je suis vraiment désolé de vous dire ça, mais vous avez en plus la maladie d'Alzheimer.
Et là monsieur Martin, il fait :
— Ha ! Ouf ! Ha, vous m'avez fait peur, j'ai cru que vous alliez me dire que j'avais un cancer !

C'est le mec qu'a un perroquet qu'est vachement intelligent, tu vois. Et il l'a laissé à la maison, tout seul. Enfin, tout seul, y a la grand-mère et pis y a un p'tit chat qui joue avec une balle.
Et le p'tit chat, il tape dans la balle. La balle, elle tape dans une bougie qu'est sur la table. La bougie, elle roule. Et les rideaux se mettent à brûler, tu vois !
Et le perroquet qu'est vachement intelligent, il est là dans sa cage, il est là, il regarde comme ça. Y'r'garde… Y'r'garde les rideaux. Il comprend, il comprend qu'ça va brûler tu vois !
Alors, il ouvre la porte de sa cage, parce qu'il est super-intelligent tu sais, avec son bec. Il fait ça. Clac ! Il ouvre la porte. Y r'garde… Ouf ! Y a trois mètres cinquante en dessous. Il a pas volé depuis quatre ans, mais il sent qu'y a une nécessité, il y va quand même, tu vois.
Il se jette. Paf ! Il tombe comme une merde par terre, tu vois… Hein ! Il se relève comme ça et y r'garde le fauteuil de la grand-mère, tu vois. Et comme il est intelligent il se dit : « La grand-mère, faut sauver la grand-mère ! » Et là, il passe derrière le fauteuil et avec son bec, il accroche le fauteuil de la grand-mère, il tire comme ça, à l'extérieur et il referme la porte. Il laisse passer le p'tit chat avant parce qu'il

est superintelligent, tu vois ! Il va dans le lit, tu sais, il prend une couverture, il bourre la couverture sous la porte, tu vois, pour arrêter le feu, il est très intelligent. Hein… Hein… Hein…
Il arrive dans le salon et il sait qu'il faut téléphoner aux pompiers, parce qu'il est superintelligent. Il regarde le téléphone, il est sur le buffet, putain. Un mètre 80 et là, il prend son élan et glé glé glé glé ! Clac ! Il s'accroche, avec le bec, tu sais, sur un tiroir. Il met une patte. Hè hè hè hè ! Clac ! Il remet le bec. Tienchn… Bennnnn… Tiench… Il arrive là. Il est au-dessus du buffet, y a le téléphone. Y r'garde le téléphone, comme ça. Y'r'garde le clavier, tu vois, et il se souvient, parce qu'il est superintelligent. Il se dit :
« Les pompiers, les pompiers ? 18 ! 18 ! »
Et là, y'r'garde le clavier. Avec son bec, il fait : « Tup, Tup ». Il fait : « 18 ! » Juste avant, comme il est très intelligent, il a décroché, évidemment, le téléphone !
Et là, ça se met à sonner et il entend le pompier qui dit :
— Allô, les pompiers, qu'est-ce qui se passe ?
Alors là, y r'garde le combiné, comme ça, il sait qu'il ne faut pas parler à l'endroit où on entend, faut parler de l'autre côté, tu vois. Il le sait, parce qu'il est superintelligent. Et là, il s'approche bien du téléphone et il fait, comme il est très très intelligent, il fait :
— Il est beau coco…

C'est un mec qui rentre chez lui et il trouve sa femme avec sa meilleure amie, heu non… son meilleur ami. Il ouvre la porte et il fait :
— Putain, Gérard, alors là Gérard, j'te comprends pas, encore moi je suis obligé, mais toi ?

C'est deux chasseurs belges. Ils viennent de tuer un cerf dans la neige, et ils le ramènent à la bagnole, alors ils le tirent par les pattes de derrière, tu vois… ils en chient… hein… le gros cerf. Ils tirent, ils tirent et tout d'un coup, ils croisent un Français qui crie :
— Ho ! Les gars… Arrêtez. Jamais ça…
Le Belge, il dit :
— Quoi ?
Le Français :
— Faut jamais tirer une bête à poils par les pattes de derrière… Faut pas la tirer à contre-poil, c'est vachement plus dur, il faut la tirer par les pattes de devant.
Les Belges :
— Ha bon ! Hop !
Les Belges prennent les pattes de devant. Ils tirent et effectivement, ça va beaucoup mieux. Et, au bout d'un moment, y a un des deux Belges qui dit à l'autre :

— Ça va beaucoup mieux quand même une fois que le Français nous a dit de le tirer par les pattes de devant…
L'autre, il dit :
— Ça va beaucoup mieux mais qu'est-ce qu'on s'éloigne de la voiture… hein !

C'est la femme qu'est dans son lit avec son amant… et son amant lui dit :
— Attends, heu… ton mari, il rentre quand ? Heu… parce que tu vois, heu…
— On a au moins une heure devant nous…
— Cela dit, je te rappelle que ton mari est aussi mon meilleur ami, tu vois, donc j'aimerais pas trop le…
Et tout d'un coup, le téléphone sonne. Il entend la femme qui dit :
— Oui, oui, oui… Y a pas de problème, bien sûr, aucun problème… Hé bah, c'est ça… à tout à l'heure.
Elle raccroche et dit :
— Bah tu vois on a même une heure de plus parce que… en ce moment… il est en train de jouer au tennis avec toi…

Tu sais la différence qu'il y a entre une femme et une tornade ?
Eh ben, y en a pas. Parce que quand elles arrivent, elles sont toutes les deux chaudes et humides. Et quand elles repartent, elles t'embarquent ta bagnole et ta baraque.

C'est dans une école, un endroit superblindé, une école de riches quoi… Vraiment des gosses de riches et à un moment l'instituteur, il est là et il dit :
— Écoutez les enfants. Je sais que vos parents sont blindés, hein ! Mais je voudrais quand même vous faire une petite leçon de morale, un petit peu ce matin, hein ! Sachez que l'on ne peut pas tout avoir… même avec de l'argent… On peut pas, hein !
Une p'tite fille lève la main :
— M'sieur ! M'sieur ! On a tout, hein !
— Comment ça t'as tout ?
— Chez moi, y a la télé dans toutes les chambres. Mon père, il a une villa à Saint-Tropez et tout. On a quinze bagnoles.
— Bon d'accord, ton père il a sa villa à Saint-Tropez mais est-ce qu'il a un yacht ton père ?

— Bah non, il a pas de yacht !

— Ha, vous voyez ! Donc comme je vous le disais, hein, au début, on ne peut pas tout avoir !

Un élève lève la main :

— Moi M'sieur, moi, j'ai tout : la télé à Saint-Tropez, mon père il a un yacht, moi…

— Pff, bon d'accord ton père il a un yacht, mais est-ce qu'il a un hélicoptère sur son yacht ton père ?

— Bah non, il a pas d'hélicoptère !

— Ha, vous voyez ! Donc, je continue, je vous disais les enfants…

Y a une autre petite fille qui dit :

— Moi M'sieur, j'suis sûre qu'on a tout.

L'instituteur, il a les yeux qui lui sortent de la tête.

— Comment tu peux être sûre ?

— Bah nous, on a une villa à Saint-Tropez, mon père a un yacht et un hélicoptère de yacht et en plus, moi hier midi, y a ma sœur, elle est rentrée avec un Noir à la maison… et mon père il a dit :

— Bah ! Tiens ! Il nous manquait plus que ça !

Ou la blonde qui dit à l'autre :

— T'as du rouge sur la joue. Nan, de l'autre côté, *(Jean-Marie se frotte l'intérieur de la joue).*

(À l'image, un superbe coucher de soleil.)

— Merci Nicolas, hein !

— Ben, de rien Jean-Marie.

— T'as fait de belles images. Et pis un beau coucher de soleil pour finir, c'est vraiment super. Tiens, j't'embrasse.

— Merci mon Jean-Marie.

(À l'image, toujours superbe coucher de soleil.)

— Tiens, on va laisser finir, en regardant le coucher de soleil, hein !

(L'image se met à trembler.)

— Ben qu'est-ce que tu fais, heu ? Nicolas, qu'est-ce que tu fais ?

— Ben heu… J'me branle.

— Ben tu serais gentil de prendre ta bite alors.

Vous savez qu'y a un Belge qui est mort en buvant du lait. La vache s'est assise.

C'est un braqueur dans une banque avec un flingue et un masque de Mickey. Tout d'un coup, l'élastique pète et paf ! Le masque tombe par terre, il le reprend, il le remet. Mais un peu tard, tu vois... Il dit au caissier :
— T'as vu mon visage ?
Le caissier, il dit :
— Oui M'sieur, j'l'ai vu.
Ban ban... Deux balles dans la tête.
Il s'adresse à la caissière à côté et il dit :
— Et toi, t'as vu mon visage ?
— Non, non M'sieur.
— J'te crois pas.
Ban ban... Deux balles dans la tête.
Il se tourne vers un client, il dit :
— Et toi, t'as vu mon visage ?
— Nan, nan, j'l'ai pas vu, mais ma femme l'a vu.

C'est le Père Noël qu'arrive. Il descend par la cheminée, tu vois, le temps de s'épousseter, tout d'un coup, clac ! Il regarde devant. Il voit une banquette, une belle banquette en velours rouge, avec une belle gonzesse dessus, mais d'un autre monde quoi. Une blonde, de deux mètres de haut, des lèvres charnues, des nichons insensés qui clignotent, tu vois. J'te jure. Le petit ticket de métro nickel. Elle a juste un petit bonnet rouge et elle fait :
— Salut Père Noël *(Jean-Marie mime un clin d'œil et se lèche les lèvres).*
Elle se lèche un peu les lèvres et elle dit :
— Père Noël, tu veux pas relever ta houppelande, pour que je te suce bien ta jolie bûche glacée ?
Le Père Noël, il dit *(Jean-Marie fait mine d'avoir chaud)* :
— On m'avait fait plein de trucs, mais là, si j'la nique, je suis foutu, je suis plus le Père Noël, quoi.
Et puis après, il réfléchit et il dit :
— D'un autre côté si je la nique pas, j'arriverai jamais à remonter par la cheminée, hein !

Vous savez comment les blondes rallument la lumière après avoir fait l'amour ?
Elles ouvrent la porte de la bagnole.

Un mec rentre chez lui avec un canard. Il a un canard dans les bras. Il arrive vers sa femme et il dit :
— Heu… t'as vu, j'ai une jolie truie.
— C'est un canard.
Le gars, il dit :
— Ta gueule, toi ! C'est pas à toi que je parle !

Alors, c'est deux chiens chez le vétérinaire, tu vois. Ils sont dans la salle d'attente. Ils discutent et c'est un p'tit teckel et pis un dogue allemand, tu vois. Et le teckel dit au dogue allemand :
— T'es là pour quoi ?
Tu vois ils discutent le bout de gras ensemble.
Le teckel dit :
— Bah moi, c'est de ma faute. J'avais dit que j'la tirerais plus la voisine et pis… On a une petite voisine teckel formidable… tu vois… J'avais promis et pis l'autre jour, elle sortait du toilettage, elle avait un petit nœud dans les cheveux. J'ai craqué, j'ai creusé sous la clôture, je l'ai attrapée, je l'ai bourrée. C'était bon, rrrrrrr…
— Et alors ?
— Alors, mon maître, il me l'avait dit : on va me couper les couilles.

— Ha merde ! C'est moche.
— Et toi ?
— Moi, c'est presque la même histoire. Moi, c'est ma maîtresse, je l'adore, je l'aime, je dors sur son lit, tu vois, je suis, on est fusionnels, incroyable, tu vois, avec ma maîtresse. Et là, elle était dans la salle de bains, y avait la porte qui était ouverte, elle avait laissé tomber la savonnette, elle s'est penchée pour la ramasser. J'ai regardé, j'ai regardé ma maîtresse. J'ai pas pu me retenir, tu vois, j'ai fait comme toi. Je l'ai attrapée dans la douche, tu vois, et là je l'ai bourrée.
— Dis donc, on te coupe aussi les couilles ?
— Non ! Non ! Moi, on me fait que les griffes.

Celui qui dit à son pote :
— Excuse-moi de te poser cette question, mais ça pèse combien un pet ?
L'autre lui dit :
— Ça pèse rien… c'est du gaz.
L'autre répond :
— Bon, bah, j'ai chié dans mon froc alors…

C'est deux vieilles dames, elles sont sur un banc public, comme ça, pensives et tout d'un coup, y en a une qui dit à l'autre :
— Tu vois, toute notre vie, on a rêvé de ressembler à Brigitte Bardot. Bah, eh dis, tu vois, ça y est, c'est fait.

C'est un mec qui dit à son pote :
— Je suis sorti deux ans avec cette fille et tout d'un coup, le harcèlement « je veux savoir comment tu t'appelles ».

Un gamin dit à son père :
— Papa, c'est quoi un travesti ?
Son père, il dit :
— D'abord, tu es trop jeune pour que je te parle de cela et ensuite, arrête de m'appeler papa, ça m'énerve, hein !

C'est le gynécologue *(Jean-Marie arrive avec un stylo à la main.)* qu'est là, donc, il a une patiente devant lui. Elle a les pieds dans les étriers. Elle est comme ça et lui y prend son stylo comme ça… et pis hop y fouille *(Jean-Marie joue à fouiller avec son stylo.)*… dans le bazar… y regarde (le stylo) y dit :
— Dites donc, vous avez des pertes blanches.
Elle dit :
— Bah oui, je sais docteur, c'est pour ça que je viens vous voir.
Il continue à fouiller, il va un peu plus loin et y dit aussi :
— Vous avez aussi des glaires.
Elle dit :
— Oui je sais.
(Jean-Marie porte le stylo à sa bouche pour ôter le capuchon : écœurement de la salle.)
— Alors ce que vous allez faire…
— Vous allez me prendre…

C'est un Belge, un Américain et un Français qui entrent dans un bar. Ils s'asseyent au comptoir… et le garçon vient vers eux et leur dit :
— C'est pour une blague, c'est ça ?

C'est un mec, il est dans la rue, les bras en l'air *(Jean-Marie lève les bras)* comme ça et il dit :

– Je marche ! Je marche ! Je marche ! Je marche ! Je marcheeeeeeeeeee !

Et y a un mec qui s'approche et qui dit :

— Bah, vous étiez handicapé ?

— Non, on m'a volé ma bagnole.

Vous savez ce qui est bleu et qui pousse dans le fond du jardin ?
C'est un Schtroumpf qui fait caca.

C'est un mec, il s'est perdu dans la forêt. La nuit tombe, la grosse panique. Il tombe sur un supergentil paysan qui le récupère. Il passe la nuit chez lui et le lendemain, il sait pas quoi faire. Vous m'avez sauvé la vie et tout. Et comme il est ventriloque, il dit :
— Si vous voulez… heu… j'ai un talent… je sais faire parler les animaux.
— Ho sacré nom de Dieu, la vache !
Il prend une poule et il dit :
— Bonjour madame la poule, comment ça va ?
Et là, il serre bien les lèvres et la poule, elle dit :
— Ça va, ça va. Y a que le patron, il me pique les œufs tous les matins.
Le paysan, il est sur le cul, il dit :
— Sacré nom de Dieu, faire parler les animaux !
— Oui, j'peux l'faire avec la vache.
Il prend la vache par le cou et dit :
— Bonjour madame la vache, comment ça va ?

Et elle fait :
— Ça va, mais y a le patron qui pique mon lait, heu… tous les soirs et tous les matins.
— Hoooooooooooo !
Sur le cul, le paysan, il dit :
— Vous pouvez parler avec tous les animaux comme ça ?
Il dit :
— Par exemple, j'peux le faire avec la petite chèvre là.
Il prend la chèvre par le cou et là le paysan, il fait :
— Nan, nan, l'écoutez pas, elle c'est qu'une menteuse.

Le Belge arrive chez le médecin qui lui dit :
— M'sieur, il vous reste que deux mois à vivre !
Le Belge :
— Alors, je vais prendre juillet et août.

Tu sais pourquoi les cercueils des blondes sont triangulaires ?
C'est parce que dès qu'on les met dans le noir, elles écartent les jambes.

C'est un routier, tu vois, qui roule donc. D'un coup, en plein milieu de la route, il voit un p'tit nain jaune qui fait: « Hohohohohohohohohohoho ». *(Jean-Marie lève et agite les bras au-dessus de sa tête, puis il mime le routier qui s'arrête, freine, resserre le frein à main, descend la vitre et dit) :*
— Qu'est-ce qui se passe ?
— J'ai ma voiture qui a glissé dans le fossé et j'arrive pas à la sortir. J'vais à la communion de ma p'tite-nièce, c'est terrible.
Le chauffeur :
— Attendez, attendez, on est là sur la route, on est là pour s'entraider, j'vais voir ce que j'peux faire, j'ai un treuil à l'arrière.
Il descend, il accroche le treuil à la voiture, il avance, sort le truc.
Ho le p'tit nain jaune, il dit au routier :
— M'sieur, je sais pas comment vous remercier, vraiment vous êtes tellement gentil et tout.
Le chauffeur dit :
— Non c'est normal, on s'entraide.
— Nan, nan, vraiment j'peux pas vous laisser comme ça, faut vraiment que je vous remercie. J'peux, j'peux vous sucer la bite…
Le routier étonné regarde autour de lui :
— Nan mais c'est une plaisanterie ?
— Si, si j'me permets d'insister.

Et puis le p'tit nain, il lui déboutonne la braguette, il prend la bite dans la bouche, il le suce vachement bien, tu vois et le routier, il jouit dans la bouche du p'tit nain jaune. Le p'tit nain il part et le routier, il est là, il reprend son souffle, il se rhabille, il remonte dans le camion et hop ! Il repart. Il hallucine, 20 kilomètres plus loin, il voit un p'tit nain rouge, toujours en plein milieu de la route, un p'tit nain rouge qui remue les bras au-dessus de sa tête. Le routier s'arrête, il descend la vitre et il dit :
— Heu, qu'est-ce qui vous arrive ?
— C'est ma voiture, elle démarre plus, j'ai soulevé le capot, y a un problème, y a quelque chose, j'vais à l'enterrement de mon grand-père, c'est terrible !
— Attendez, attendez calmez-vous, j'vais voir c'que j'peux faire.
Il descend, il soulève le capot et dit :
— Ouais, c'est la courroie qui est pétée. J'ai un bout de ficelle dans la cabine, j'vais vous la mettre.
Il lui attache le truc.
— Essayez de démarrer.
Putain ça démarre. Le p'tit nain rouge descend aussitôt de la voiture et dit :
— M'sieur, j'sais pas comment vous remercier vraiment.
Le routier dit :
— Nan, nan, nan, ça va, ça va, j'ai vu un collègue à vous y a pas longtemps, j'vous assure tout va bien.

— Nan, nan, nan, j'me permets, je peux pas vous laisser partir comme ça, j'vous jure, j'dois vous remercier vraiment, après j'm'en voudrais, si vous voulez, vous pourriez m'enculer…
Le routier commence à regarder derrière lui et le nain rouge dit :
— Non mais je vous assure.
Mais le routier dit :
— Ça va pas, vous êtes complètement fou.
Le nain rouge ne lui laisse pas le temps de réfléchir. Il plaque le routier contre le camion, tu vois, il déboutonne la braguette, il lui sort la bite, il baisse son froc et il met la bite dans son cul. Il bouge vachement bien, lui touche un peu les couilles par en dessous. Le mec il jouit dans le petit nain rouge et hop, il se retrouve la bite à l'air comme ça avec une goutte qui pend encore. Le p'tit nain rouge remonte dans la bagnole, l'autre se remet la braguette, il remonte dans le camion tu vois, desserre le frein à main, il passe la première, putain 20 kilomètres plus loin, en plein milieu de la route, un p'tit nain bleu. Le p'tit nain bleu fait « Héhéhéhéhéhé » en remuant les bras au-dessus de la tête. Le routier arrête son camion et descend la vitre :
— C'est bon ! Alors toi qu'est-ce que tu veux toi ? Tu veux m'sucer ou tu veux que j't'encule ?
— Gendarmerie nationale.

Hé vous savez ce que fait une blonde à qui on donne un éventail ?
Elle remue la tête comme ça.

Vous savez comment ça s'appelle chez la femme entre la salle des fêtes et les chiottes ?
Ça s'appelle le practice parce que c'est là qu'on vient frapper les balles. *(Jean-Marie fait des gestes de va-et-vient avec son bassin.)*

Monsieur et Madame « photo-toi-tête-de-mort » ont un fils.
Réponse : Thomas.
Thomas Photo-toi-tête-de-mort.

C'est une pute belge qu'en croise une autre, tu vois… une copine… elle est toute cabossée. Manifestement, elle a pris des coups… tu vois…

— Mais qu'est-ce qui t'arrive Ghislaine ?

— Bah et dit hé, c'est un client, l'autre jour, qui me dit…

— Mais comment ça, un client ?

— … qui m'a dit, je vous donne 1 000 euros.

L'autre, elle dit :

— Mille euros d'accord mais tu as vu dans quel état tu es ! Mais pendant combien de temps il t'a frappée pour que tu sois dans cet état ?

— Bah, jusqu'à temps que je rende le pognon.

C'est une femme, elle vient d'acheter une armoire Ikea. Elle monte l'armoire et y a le bus qui passe devant chez elle. Toutes les vingt minutes, y a un bus. Elle finit de la monter et le bus, il passe, y a une vibration et l'armoire, clac, s'écroule comme un château de cartes. Merde !
Elle la remonte. Le bus, cinq minutes après, il repasse. Grrrrrr. L'armoire s'écroule à nouveau comme un… Putain !
Elle appelle chez Ikea. Y a un gars de chez Ikea qui arrive avec sa sacoche, il dit :
— C'est pas normal ça ! Attendez, j'vais la remonter moi-même.
Il la remonte et la femme, elle dit :
— Vous allez voir, le bus passe et clac !
Effectivement, ça loupe pas. Le bus passe et clac, tu vois !
— Putain, j'ai jamais vu ça de ma vie. Une fois remontée, j'vais me mettre dedans et j'vais bien regarder par où le château de cartes il démarre, parce que là, c'est du jamais-vu de ma vie ! Hein !
Il la remonte. Il se met dedans :
— Fermez les portes, fermez les portes !
Le mari de la femme il rentre, il voit une sacoche dans la chambre et il dit :
— Salopeeeeeeeeeeeeeee ! salope !

Et cette armoire d'où elle vient, à tous les coups, y a ton amant dedans.
Elle dit :
— Mais non chéri !
— Ta gueule !
Il ouvre l'armoire et il dit :
— Ha et ça !!!! Qu'est-ce que c'est ?
Il s'adresse au mec et il fait :
— Qu'est-ce que vous faites dans la chambre de ma femme ?
Et le mec, il est comme ça *(Jean-Marie soutient l'armoire avec ses deux bras en haut et en bas)* et il dit :
— Vous allez pas me croire M'sieur, mais j'attends l'autobus.

Vous connaissez la différence entre une blonde et un moustique ? Hein ?
Le moustique, t'es pas obligé de lui tenir les oreilles pour qu'il te suce.

Vous savez pourquoi les Suisses, ils mettent trois préservatifs l'un sur l'autre ?
C'est pour que celui du milieu reste propre.

Une pute dit à une autre :
— Tu demandes quoi cette année au Père Noël ?
L'autre dit :
— Trente euros, comme pour les autres…

Le gars, il arrive sur un stand de tir, complètement bourré :
— Heu, hé, heu, hé, je voudrais six plombs et pipes.
L'autre il lui donne les six plombs.
Le mec en titubant, les pipes, elles passent Bing ! Bing ! Bing ! Bing ! Bing ! Bing ! Il descend les six pipes. Le mec lui fait :
— Oh la vache ! Vous avez gagné une tortue.
Il donne la tortue.
Deux heures plus tard, le mec il se repointe, il est encore plus bourré que deux heures avant, comme ça,

il s'accroche et dit :
— Heueueueueueueu, six plombs.
Il reprend les six plombs. Le mec y fait :
— Vous êtes sûr ?
— Ouais ouais.
Les pipes elles défilent, il est là, comme ça en titubant, il fait tatatatatatatata. Et il a les six pipes. L'autre lui dit :
— Putain, vous, putain, ça vous réussit l'alcool ! Vous avez gagné un réveil.
— Nan, nan, nan, nan, je vais prendre un sandwich comme tout à l'heure.

Quelle est la différence entre les couilles et les témoins de Jéhovah ?
Y en a pas puisqu'ils arrivent toujours par deux, ils frappent très fort, mais on les laisse jamais entrer.

Vous savez pourquoi les Portugaises, elles pètent après la sodomie ?
C'est pour remettre les poils dans le bon sens. Pouf ! Tu vois, t'imagines *(Jean-Marie les bras vers l'arrière)*. Pouf ! Tu vois, il est bien calé.

C'est un Alsacien, il meurt et il se retrouve en enfer. Le diable lui dit :
— Bah écoutez, comme vous avez été tantôt français, tantôt allemand plusieurs fois, vous avez donc le choix entre l'enfer français ou l'enfer allemand.
L'Alsacien demande :
— Si vous pouvez m'expliquer comment ça se passe monsieur Lucifer, et tout.
— Bah, écoutez, c'est simple : dans l'enfer français, vous êtes enfoncé dans la merde jusqu'au cou et on vous donne des coups de bâtons sur la gueule toute la journée.
— Et dans l'enfer allemand ?
— Bah, dans l'enfer allemand, vous êtes enfoncé dans la merde jusqu'au cou et on vous donne des coups de bâtons sur la gueule toute la journée.
L'Alsacien dit :
— M'excuse de vous poser cette question, mais je vois pas la différence qu'il y a entre les deux.
Le diable dit : Bah, y en a pas. Ce qui y a, c'est que dans l'enfer français, un coup y manque de la merde… un coup y manque des bâtons…

Vous connaissez la différence entre un 69 et un chalet suisse ? La vue.

Et un 69 et une pastille de menthe ?
Le goût… Ouais le goût…

C'est la blonde qui rencontre une autre blonde.
— Hé dis donc, je t'ai pas vu depuis longtemps, il a dû grandir ton bébé.
— Ho, m'en parle pas, il marche depuis deux mois.
— Il marche depuis deux mois, dis donc, il doit être loin !

C'est deux mecs dans un plumard, trois heures du matin. Tout d'un coup, y a un mec qui pousse l'autre du coude et il fait :

— Hé Dédé !

L'autre, il dit :

— Quoi ?

— Bah ! Tu s'rais pas en train de te branler ?

L'autre, il dit :

— Si, pourquoi ?

— Bah, tu serais gentil de prendre ta bite alors…

Et c'est une blonde qui arrive à la bibliothèque, elle s'adresse au comptoir. Au premier mec qu'elle voit, elle dit :

— Heu, bonjour M'sieur. Je voudrais un cheeseburger, une grande frite et un grand Coca.

Et le mec consterné lui dit :

— Mais madame, c'est une bibliothèque ici.

Elle fait :

— Ho pardon ! *(À voix basse.)* Je voudrais un cheeseburger, une grande frite et un grand Coca.

C'est un camionneur. Le camionneur, il boit sa bière, tu sais, et franchement, c'est le mec qui rigole, tu vois, le gros bougon, comme ça. Il a attaché son pitbull dehors, tu sais, à l'extérieur du troquet, et d'un coup, y a un mec qui rentre et qui dit :

— Heu… C'est à qui le pitbull qu'est dehors ?

L'autre, il dit :

— C'est à moi espèce d'enculé. Qu'est-ce que tu m'veux, toi ?

— Bah, j'm'excuse M'sieur, mais je crois que mon chien, il vient dc tucr le vôtre.

— Tu déconnes ou quoi ? T'as quoi comme chien ?

— Bah, j'ai un caniche, un p'tit caniche.

— Tu te fous de ma gueule ? Un caniche qui tue un pitbull, c'est impossible.

— Bah écoutez M'sieur, ce qui s'est passé, je crois, c'est qu'il s'est étouffé en l'avalant.

Tu sais comment ça s'appelle un boomerang qui revient pas ?

Un bout de bois.

C'est un mec qui se balade avec deux grosses valises, tu vois. Et son copain lui dit :
— Qu'est-ce que tu branles avec ces deux grosses valises ?
L'autre lui dit :
— Tu devineras jamais.
— Quoi je devinerai jamais ?
— Tu peux pas savoir.
— Y a quoi dans celle-là ?
— Bah dans celle-là, regarde si tu veux mais y a une mite géante !
— Quoi ?
— Oui une mite… heu… géante… Vas-y, ouvre si tu veux.
Il ouvre, putain, y a une mite de 30 kilos.
(Jean-Marie imite la mite avec ses mains sur la tête en guise d'antenne.)
Il referme et son pote dit :
— Dans l'autre ?
— Dans l'autre, je préfère même pas te l'dire… Dans l'autre y a un génie, putain !
Le mec ouvre la valise… Pff ! Y a un génie de vingt mètres de haut qui sort et qui dit :
— Ho ! Mon maître, tu m'as libéré, fais un vœu.
L'autre, il dit :

— Magne-toi le cul, hein ! T'as le droit qu'à un seul vœu. Dans dix secondes, il rentre dans la valise. Dépêche-toi ! Dépêche-toi !

L'autre dit :

— Quoi ?

— Vite ! Vite ! Vite ! Grouille-toi !

— Je voudrais : un milliard.

« Pff ! Bah ! »

La valise se referme et deux secondes après :

« Ban ! » Y a un billard qu'arrive, un billard. Un de trois mètres quatre-vingts. Tu sais le billard !

Alors il se tourne vers son pote et il dit :

— Dis donc, ton génie, il serait pas un peu… dérangé ? Je lui demande un milliard, il me donne un billard.

Et l'autre lui dit :

— Bah attends ! Et moi, tu crois que j'ai demandé une grosse mite ?!

Vous savez la différence entre le sida et une Lada ?

Eh bah, t'essayeras de refourguer une Lada !

C'est une femme qui rentre complètement ébouriffée à la maison :
— Chéri, chéri, y a un sadique dans l'ascenseur.
— Ha bon ! Et alors ?
— Bah, il m'a coincée et m'a dit heu… « Ou j'vous viole ou j'vous tue. »
— Et alors, qu'est-ce que tu as fait ?
— Bah alors me v'là !

C'est un ours et un lapin qui sont en train de faire caca derrière un buisson. C'est des vieux potes, tu vois. Ils sont là en train de faire caca, tu vois, et d'un coup l'ours dit au lapin :
— J't'ai jamais posé la question mais… heu… ça t'emmerde pas d'avoir de la merde collée aux poils quand t'as… quand t'as fini ?
Et le lapin dit :
— Non, moi, j'm'en fous.
Alors, l'ours y prend le lapin et s'essuie avec le lapin.

C'est deux Belges qui vont à la chasse à l'aigle. Et là, ils sortent d'un bois et tout d'un coup, y a un mec qui voit un gars, un des deux voit un gars en Deltaplane. Il épaule… Bam ! Il tire… *(Jean-Marie siffle.)* Le mec tombe, l'autre lui dit :

— Mais t'es fou ! Mais qu'est-ce que t'as fait ?

— Comment ça, je suis fou ? En attendant, il a déjà lâché sa proie…

C'est un mec qu'arrive dans un village. Heu… Il dit… heu… aux habitants :

– Heu… vous n'auriez pas une vache, heu… noire… heu… avec un carré blanc… heu… sous l'cou ?

– Non, non, on n'a pas ça.

– Bon, ben, j'ai écrasé l'curé alors !

Quelle est la différence entre une blonde et un matériel d'arrosage ?

Y en a pas. Parce que tous les deux quand ils veulent pas sucer, ils font : *(Jean-Marie fait la moue et fait non avec sa tête et un bruit avec la bouche)* Tich tich tich tich…

Un mec, il entre dans la banque du sperme. Il met une cagoule sur la tête, un flingue dans la main. Il arrive vers la caissière et il dit :

— Heu… ouvre le coffre.

Et la caissière, elle dit :

— Écoutez m'sieur, c'est la banque du sperme ici, y a pas d'argent.

— Ta gueule ! Ouvre le coffre.

Elle ouvre le coffre et dit :

— Vous voyez, c'est des éprouvettes avec du sperme.

Il dit :

— Prends-en une.

Elle prend une éprouvette.

— Bois-la !

— Quoi ?

— Bois-la !

Elle boit, comme ça *(Jean-Marie, apeuré, fait mine de boire l'éprouvette)*, gloup, gloup, gloup.
— Prends-en une autre, vas-y bois !
Elle boit la deuxième.
— Encore une !
— Mais m'sieur…
— Ta gueule !
Elle prend la troisième, gloup, gloup, gloup.
À peine elle a dégluti, le mec, il retire sa cagoule et lui dit :
— Tu vois chérie, quand tu veux tu peux !

Alors c'est deux homosexuels, un dimanche, heu… ils ont plus de lubrifiant. Ils sont en panne de lubrifiant. Et y en a un qui dit à l'autre :
— T'as qu'à aller au garagiste en bas, le p'tit garagiste, il est ouvert.
Il y va et il lui dit :
— Heu… Vous n'auriez pas de l'huile ?
Le garagiste lui dit :
— Si, si, j'ai toutes les huiles que vous voulez. J'ai d'la Total, j'ai de la Igol… Heu… Avec la Total, on s'régale… Avec Igol, on s'envole !
Et l'autre, il dit :
— Vous n'auriez pas d'la Motul ?

C'est une bonne femme qui arrive avec un bandage autour du bras et elle dit :
— Docteur, j'ai une déchirure.
Et le médecin :
— Pff !
Elle vient toutes les semaines, tu vois.
Il dit :
— Bon bah, déshabillez-vous !
— Heu… pardon !
— Oui je vous demande de vous déshabiller. Je suis votre médecin, je vous demande de vous déshabiller… Oui, oui, le soutien-gorge, le pantalon, le string… Vous vous mettez toute nue. Mettez-vous à quatre pattes.
— Enfin docteur, je viens pour une déchirure.
Le docteur crie :
— Mettez-vous à quatre pattes.
Elle se met à quatre pattes.
Le médecin, il arrive, il défouraille derrière et il la prend par-derrière. Il y va… fort. Et il dit :
— Ça c'est une déchirure.
Il montre son coude.
— Ça, c'est une tendinite.

Vous savez pourquoi les Lada, elles ont quatre pédales à l'intérieur ?
La quatrième, c'est pour gonfler l'Air Bag !

Et vous connaissez la différence entre un rappeur et un campeur ?
C'est que le campeur il monte sa tente et que le rappeur, il nique sa mère.

C'est un mec, il arrive vers sa femme, le soir, avec une gaule, mais comme ça, tu vois, un bras d'enfant ! Il s'est mis de la poudre blanche au bout de… de… la quéquette.
Sa femme, elle le regarde, elle lui dit :
— J'te préviens, si tu veux baiser, heu… j'ai la migraine ce soir !
— Justement chérie, j'y ai pensé, c'est pour ça que j'me suis mis de l'Efferalgan sur le bout de la quéquette. Alors, tu veux le prendre comment, par voie orale ou en suppositoire ?

C'est un mec, il trouve un pingouin, heu… dans la rue, tu sais, en plein Paris. Il est très emmerdé, il sait pas quoi en faire. Il va voir le flic qu'est au coin d'la rue et il lui dit :
— J'ai trouvé un pingouin qu'est-ce que j… Qu'est-ce que je peux en faire ?
Et le flic, il dit :
— Ben moi, j's'rais vous, j'l'emmenerais au zoo.
Il dit :
— Bon !
Le lendemain, le flic, il revoit le mec toujours avec son pingouin, au même endroit. Il lui dit :
— Ben votre pingouin, vous l'avez pas emmené au zoo ?
— Si, j'l'ai emmené au zoo et pis aujourd'hui, j'vais l'emmener au cinéma !

C'est un p'tit garçon, il entend du bruit dans la chambre de sa mère. Il entrouvre la porte, comme ça. Il voit sa mère toute nue, sur le lit, en train de se caresser les seins, comme ça, tu vois, et qui dit :
— Ha, j'veux un homme, j'veux un homme, un homme, j'veux un homme !

C'est un mec qui demande à sa femme :
— Dis-moi chérie, pourquoi tu me dis jamais quand tu jouis ?
Et sa femme elle dit :
— Bah, tu m'as interdit de t'appeler au bureau !

Tu sais la différence qu'il y a entre
une femme et une tornade ?
Eh ben, y en a pas. Parce que quand
elles arrivent, elles sont toutes
les deux chaudes et humides.
Et quand elles repartent,
elles t'embarquent ta bagnole
et ta baraque.

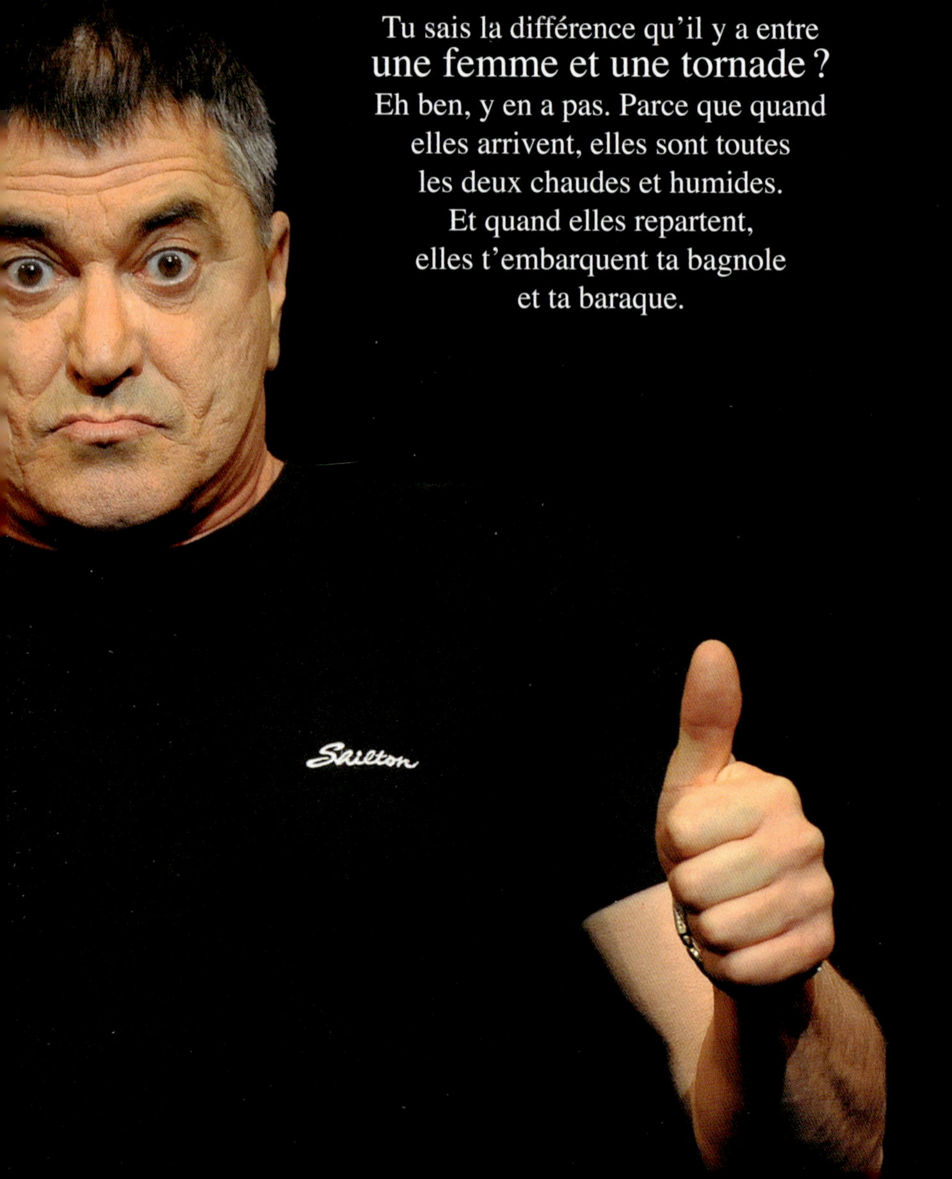

Vous savez pourquoi les Lada,
elles ont **quatre pédales** à l'intérieur ?
La quatrième, c'est pour gonfler l'Air Bag !

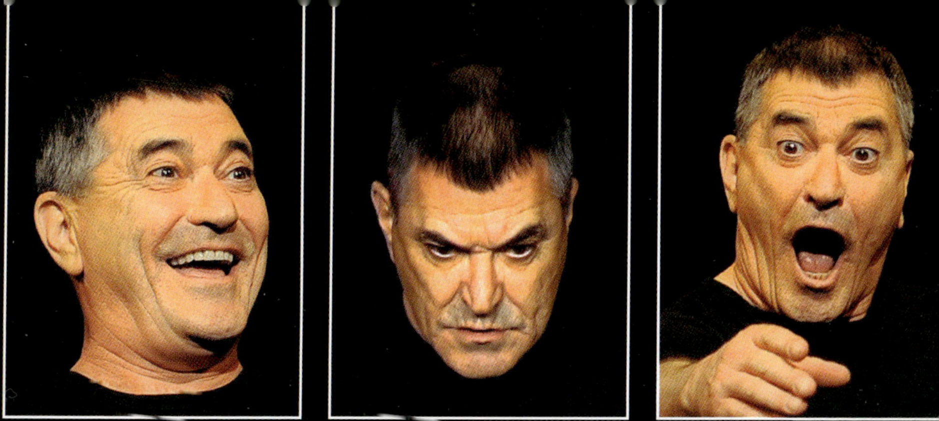

Vous savez pourquoi les blondes, elles ont
deux grands anneaux aux oreilles ?
C'est pour passer les jambes.

C’est un Belge, un Américain et un Français
qui entrent dans un bar. Ils s’asseyent au comptoir…
et le garçon vient vers eux et leur dit :
— C’est pour une blague, c’est ça ?

Le lendemain, il entend à nouveau du bruit dans la chambre de sa mère. Il entrouvre la porte et là, il voit sa mère qui fait l'amour avec un homme…
Il réfléchit.
Et le surlendemain, c'est la mère qu'entend du bruit dans la chambre du p'tit. Elle entrouvre la porte, et là, le p'tit, il est à poil sur le lit, il est en train de se caresser, comme ça et il fait :
— J'veux un vélo, j'veux un vélo, j'veux un vélo…

Ça se passe en Corse. Y a un Anglais qu'est en train de boire sa bière tranquillement au comptoir. Tout d'un coup, y a un Corse qu'entre en furie dans le bar, il attrape l'Anglais, tu vois, et il lui bourre la gueule.
Le patron du bar, il dit :
— Mais qu'est-ce que tu fais ? C'est un touriste, il buvait sa bière, tranquille…
L'autre lui dit :
— Mais c'est un enculé d'Anglais !
— Et alors !
— Ben, il dit, eh ben, ils ont tué Napoléon !
— Ben, ça fait deux cents ans de ça !
— Mouaii, mais j'viens d'l'apprendre !

C'est un coq qui entre dans le poulailler, à fond, très nerveux, et qu'a un œuf d'autruche sous l'aile, il dit :
— Les filles, tout le monde dans mon bureau.
Alors, il est dans le bureau, il pose l'œuf d'autruche et il dit aux poules :
— Regardez ce que fait la concurrence ! alors, j'vais vous demander de vous ouvrir le cul les filles, hein !

C'est une femme qui est chez le gynécologue, une belle femme brune, comme ça, les pieds dans les étriers, tu vois le bazar devant le truc.
Le gynéco, il arrive et pis, en touchant un peu les poils comme ça, il s'aperçoit qu'elle a deux tatouages en haut des cuisses comme ça, tu vois. Y en a un, c'est la tête d'Ibanez qu'est tatouée et de l'autre côté, c'est la tête de Dominici.
— Ho ! J'ai jamais vu ça. Mais pourquoi vous avez fait ça ?
Elle dit :
— Bah, parce que je suis une fan de heu… de rugby. Hein ! Bah bien sûr !
Le mec, il dit :
— Bah moi aussi !
Et pis, comme elle est superjolie, il lui demande :
— Bah, je peux leur faire un p'tit bisou, ça vous dérange pas ?
— Mais bien sûr, ça va leur porter bonheur, bien sûr, allez-y docteur, pas de problème.
Le docteur, hop il fait un p'tit bisou à Dominici et un p'tit bisou à Ibanez et il relève la tête et là, en souriant, elle lui dit :
— Et Chabal, il a pas le droit à un petit bisou ? *(En pointant l'index sur son entrejambe.)*

Alors c'est une pute qui dit à l'autre :
— Heu… et dis donc, j't'ai jamais demandé, mais tu te laves avec quoi toi entre deux clients ?
— Du savon de Marseille, c'est ce qu'il y a de mieux, de plus sain. Et toi ?
— Moi, du gros sel.
— Putain, du gros sel ! ça doit te faire mal.
— Ouais, un p'tit peu, mais ça fait boire le client…

Vous savez pourquoi les blondes, elles ont deux grands anneaux aux oreilles ?
C'est pour passer les jambes.

C'est le mec qui est en train de bouffer le cul d'une pute à 10 euros. Il est là comme ça *(Jean-Marie fait le geste)*, et il voit des trucs qui sautent dans les poils, tu vois… Alors il lui dit :
— Hé dis donc, ce serait pas des morpions ça ?
Et la pute, elle dit :
— Bah, pour 10 euros, tu voulais pas des gambas quand même !

Un Marseillais sort de boîte à cinq heures du matin et complètement bourré, tu vois. Il est appuyé contre la porte cochère, tu vois, comme ça. Il a chopé une gonzesse, tu vois, et il lui dit :

— Heu *(Avec l'accent du Sud)*, et toi, et toi, toi, je vais te prendre par-devant, par-derrière. Tu vois la BM, je vais t'allonger sur le capot, je vais t'arracher ton slip, ta jupe. Je vais te retourner dans tous les sens, je vais te prendre, tu vas avoir l'impression que j'ai six bites, tu vois.

Et là, y a une fenêtre au-dessus qui s'ouvre comme ça et y a un mec qui fait :

— Hooo, six bites ! Tu la prends comme tu veux, mais tu lâches l'interphone s'il te plaît !

Vous savez quelle différence il y a entre une majorette et un cheval ?

C'est que la majorette elle a un petit chromosome en plus qui lui permet de pas chier pendant le défilé…

Un mec au théâtre. Il est à l'orchestre, pavané, allongé sur trois sièges, comme ça, à moitié hébété. L'ouvreur arrive et lui fait :
— Dites donc monsieur, c'est pas une tenue, ça. Vous tenez trois sièges là. Donnez-moi votre ticket… Ha et en plus, vous avez un ticket balcon ! Vous êtes à l'orchestre ! ça va vous coûter cher !
— Ho, je suis plus à ça près, je viens de tomber du balcon.

Alors c'est le petit garçon qui voit sa maman toute nue pour la première fois. Il est vachement étonné, il a vu son papa et tout et il dit à sa maman :
— Mais t'as pas de zizi ?
Et la maman, elle dit :
— Heu… non, alors oui, alors oui tu as vu maman a pas de zizi alors je vais t'expliquer ce que c'est. C'est le bon Dieu, pour les filles à la naissance, il a une petite hache en or. Et hop ! Il donne un coup et coupe le zizi et c'est pour ça que ça fait une petite fente, tu vois.
Et le petit garçon regarde et dit :
— Ouais mais en plein dans la chatte.

C'est une femme, elle va chez son gynécologue et elle dit :
— Je sais pas ce qui se passe, mais j'ai deux ronds bleus en haut des cuisses, comme ça, ça me fait pas mal, mais bon, je suis un petit peu inquiète, je voudrais savoir.
Alors là, le gynéco regarde.
— Je vais jeter un coup d'œil à l'intérieur.
Il fouille avec le stylo, tu sais, comme ça et hop et là, le gynéco dit :
— Écoutez, là je vois rien d'anormal.
Et puis il réfléchit comme ça et d'un coup, il dit :
— Mais, votre fiancé, il serait pas gitan des fois ?
Elle dit :
— Si, pourquoi ?
Le gynéco :
— Hé ben, vous lui direz que ses boucles d'oreilles, elles sont pas en or. Voilà !

Monsieur et Madame « Olympia-j'y-vais-pas » ont deux fils et une fille.
Frédéric, François, Chantal.
Frédéric, François, Chantal'Olympia-j'y-vais-pas.

Alors, c'est deux chasseurs qui cassent la croûte tranquillement. Ils ont posé leur fusil sur un arbre, tu vois. Et tout d'un coup, y a un des deux fusils qui glisse. Deux décharges de chevrotine partent dans la gueule d'un des deux chasseurs qui est beefsteak haché. Et là, son pote, il se retourne vers son copain et il lui dit :

— Bah t'en fais une tête, moi aussi j'ai eu peur.

Sur un bateau, un mec arrive et dit :
— Capitaine ! Capitaine ! Le bateau s'échoue, le bateau s'échoue…
Et le capitaine dit :
— Mais oui c'est chou le bateau, c'est chou…
Ha, les croisières de tarlouzes, j'en peux plus !

C'est un mec qui arrive au comptoir, il arrive vers le barman et il lui dit :
— J'vous parie 100 euros que je peux me mordre l'œil gauche.
— Ho ! Sans déconner, allez-y.
Alors, il met 100 euros sur le bar, le mec, il retire son œil de verre et il se mord l'œil gauche. Il le remet.
— Merde.
— Allez, j'vais être sympa, j'vous donne une occasion de vous refaire. J'vous reparie 100 euros que maintenant je me mords l'œil droit.
— Non c'est pas possible.
Il remet 100 euros, il retire son dentier et clac, il se mord l'œil droit.
Il part une heure. Une heure après, il revient et y dit au p'tit barman :
— Allez tiens, j'te donne une dernière chance de récupérer le tout. J'vous parie 200 euros que si on met un verre à bière sur le comptoir et que je me mets à un mètre cinquante du comptoir, j'arrive à pisser dans le verre sans en mettre une goutte à côté.
L'autre, il y est de 200 euros, il dit :
— OK, je prends. J'vois pas comment vous allez faire ça.
Il met 200 euros sur le truc, il met le verre sur le bar.

L'autre, il défouraille comme ça, il vise bien et hop ça part et psssssssssssssssst, il en met partout, plein le bar. *(Jean-Marie fait semblant de prendre son sexe et le bouge comme un tuyau d'arrosage)* Par-dessus, partout, pas une goutte dans le verre, tu vois. Le barman, il est écroulé de rire. Il rigole, il rigole, il dit :
— Allez allez, tu me redonnes mes 200 euros.
Il lui redonne et le barman lui dit :
— Mais vraiment, vous êtes gentil, là, vous aviez aucune chance d'y arriver.
L'autre, il dit :
— T'inquiète pas pour moi, tu vois les trois mecs là-bas ? Je leur ai parié à chacun 1 000 euros que j'allais pisser contre ton comptoir et que tu allais rigoler comme une baleine.

Le médecin qui dit à son client :
— Ne me dites rien ! Monsieur, vous avez la maladie d'Alzheimer et vous êtes diabétique.
— Mais comment vous savez ça ?
— Votre braguette est ouverte et y a des abeilles qui tournent autour.

Deux mecs bourrés. Y en a un qui dit à l'autre :
— Hier, ho ma femme, fait chier, putain, elle gueule, putain, elle gueule. Putain, elle gueule :
— … parce que t'es un con, tu rentres, tu te prends les pieds dans le tapis, fais du bruit et tout. Quand tu rentres, j't'explique : tu rentres doucement, tu vois, t'as bien les pieds comme ça… Tu mets la clef, tu vises bien dans le verrou, clac clac, ferme doucement la porte, tu poses les clefs… Pose les clefs. Et qu'est-ce que tu fais ? Tu rentres dans la chambre. Chut ! Tout doucement. Tu la vois la porte. Tu glisses sous les draps et là, tu bouffes bien la chatte de ta femme, *(Jean-Marie fait le geste)* et surtout pas vomir, pas vomir. Elles ont horreur de ça… *(Jean-Marie continue de faire le geste)*… Jusqu'à l'orgasme. Et dès qu'elle a joui *(Jean-Marie siffle)*, tu gligli, tu vas dans la cuisine, tu débouches une bière. Elle te dira jamais rien.
L'autre dit :
— T'es sûr ?
— J'te le dis ! Essaye.
Il rentre… Il pose les clefs… Il ouvre la porte de la chambre… Il rentre et il lèche, lèche, lèche, lèche… *(mimique de Jean-Marie)*. Un quart d'heure, vingt minutes, une demi-heure… Il se parle à lui-même : « Pas vomir, pas vomir, pas vomir, pas vomir ». Au bout de

trois quarts d'heure, clac, il attaque une partie gratuite. Il descend. Il arrive dans la cuisine. Il ouvre la porte et là, il voit sa femme dans la cuisine. Il dit :
— Bah, qu'est-ce que tu fous là ?
Elle fait :
— Chut ! Y'a maman qui dort dans la chambre…

C'est un cheval qui est très amoureux de sa jument. Elle rêve d'aller à l'opéra. Et, un jour, le cheval casse sa tirelire et l'emmène à l'opéra. Ils sont au poulailler, tout en haut, et la jument, elle rit, elle rit, elle rit, elle se balance, comme ça, elle rit, et d'un coup, elle se balance tellement fort, qu'elle tombe à l'orchestre, tu vois. Le cheval, il est désespéré, il la regarde comme ça, il se penche, il se penche, il glisse et il tombe ! Et là, y a un gars à l'orchestre qui lève la tête et qui fait :
— Oh ! C'est pas bientôt fini d'envoyer des chevaux !

Vous savez comment on fait pour congeler une morue ? Faut tirer sur la couette.

Y a des gamins qui discutent à l'école et y en a un qui dit :

– Moi, mon père, il souffle la fumée par le nez… et par la bouche…

L'autre lui dit :

– Facile ! Mon père à moi, il souffle la fumée par la bouche, le nez et… par les yeux ! J'l'ai vue par les yeux !

– Rohhhhhhhhhhhhhhhh !

L'autre, il dit :

– C'est pas possible !

Y en a un autre qu'arrive et qui dit :

– Vous êtes vraiment des blaireaux… tous les trois… moi, mon père… il souffle la fumée par le nez, les yeux, la bouche, et par le trou du cul !

– Non ! Non ! C'est pas possible ! T'es en train de nous trimballer…

– Ouais d'accord… vous venez c'soir à la maison…

Le soir, il ramène ses copains à la maison. Il va dans la chambre du père avec ses copains… Il fouille dans le linge sale et il prend un slip blanc… à son père… et dit :

– Et ça, c'est pas de la nicotine !

Vous savez ce que c'est une brune qui pue de la gueule ?
C'est une blonde qui fait le poirier.

Le petit garçon dit à son père :
— Papa, c'est quoi la différence entre potentiellement et concrètement ?
Son père lui dit :
— Écoute je vais t'expliquer. Appelle ta mère et ta sœur.
La mère et la sœur arrivent. Le père s'adresse aux deux :
— Vous feriez l'amour avec un inconnu pour 5 millions d'euros ?
La mère dit :
— Bah bien sûr chéri, évidemment oui, sans problème !
Il s'adresse à la gamine, elle a 16 ans, tu vois :
— Bah oui papa, on est dans une merde noire de pognon et tout, bien sûr papa que oui !
Et là, il se retourne vers le petit garçon et il dit :
— Tu vois, mon p'tit Jérôme : on est potentiellement millionnaires… et concrètement on vit avec deux putes à la maison.

Le mec, il a pas assez d'argent pour aller voir les putes. Cinquante euros… 30 euros… 20 euros… mais tu vois, il a que 10 euros. Il tombe sur une gentille. Elle dit :

— Bah, écoute, moi c'est 10 euros et en plus, je t'offre une bière.

— D'accord.

Ils montent les escaliers et puis, dans l'escalier, elle lui dit :

— Mais j'te préviens j'ai pas de clitoris.

— Bah, ça fait rien, je prendrai une Heineken…

C'est deux vieilles Anglaises qui discutent.
— *Sorry sorry*… je sais pas quoi offert à mon mari, il a tout, heu… pour son anniversaire. Quoi lui offrir ?
Alors l'autre vieille Anglaise, elle dit :
— Mais pourquoi vous ne lui feriez pas une bonne petite pipe ?
Et l'autre elle dit :
— Une pipe ? Mais qu'est-ce que c'est ?
Alors l'autre, comme elle sait pas comment lui expliquer… sur la table, y a une bouteille de Ketchup. Elle lui montre *(Jean-Marie fait semblant de lécher la bouteille de Ketchup).*
— Ho, c'est formidable !
Elle rentre le soir et elle dit à son mari :
— Chéri, pour votre anniversaire, j'ai pensé un cadeau original. Je vais vous faire une petite pipe.
Et là, l'Anglais, il dit :
— Une pipe, mais qu'est-ce que c'est ?
— Retirez votre pantalon.
Elle se met à genoux devant lui. Elle lui attrape bien la bite, tu vois, comme ça… *(Jean-Marie fait mine de la prendre et tape comme sur une bouteille de Ketchup presque vide).*

C'est une blonde, tu l'emmènes à la campagne et tac, elle prend une crotte de moineau sur le front. Elle se retourne et dit :

— Heureusement que les vaches ne volent pas !

C'est David qui téléphone à son médecin :

— Écoute-moi, j'ai rendez-vous avec un canon d'enfer, une fille qui fait deux mètres de haut, faut que tu me donnes quelque chose, donne-moi des pastilles pour que je sois en forme et tout.

— Attention, je te donne du Viagra, c'est des plaquettes de quatre. Tu prends pas les quatre, je te connais David, hein, t'es un excessif David, hein !

Il va à la pharmacie, il prend, il avale les quatre pilules… et tout. Le lendemain, il croise son médecin qui lui dit :

— Et alors ?

— Ho, tu peux pas savoir… tes pilules ! Dans la bagnole, dans le parking souterrain, une fois dans l'ascenseur, après les rideaux, dans le salon, sur la banquette dans la chambre à coucher, partout ! Partout, tu vois…

— Alors la fille elle était contente ?

— La fille ? Quelle fille ? Elle est pas venue la fille !

Fermeture du bar.

C'est deux mecs bourrés qui sortent et, tout d'un coup, y en a un qui se lâche :

— Moi, mon chien, il vole !

L'autre il dit :

— Non, non, excuse-moi. Là, on est complètement bourrés, tu m'as dit plein de conneries, mais là, non, un chien, ça vole pas !

L'autre mec bourré *(Il crie.)* :

— Quoi ! Tu me crois pas ! Ah, tu vas venir à la maison !

Il le ramène à la maison. Il habite au huitième, tu vois, évidemment. Et ils arrivent là-haut, il ouvre la porte, Bobby est là.

Il dit :

— Tiens ! Je te présente Bobby. Vas-y Bobby, vole !

L'autre il dit :

— Nan, tu déconnes, tu paies une bière, mais tu déconnes, nan !

L'autre, il dit :

— Putain, Bobby, tu me fous la honte devant mon pote ! Vole !

Il lui met un coup de savate dans le cul.

Son copain *(En criant.)* :

— Hé ho, hé ho arrête ! C'est un chien… ça vole pas… T'es complètement con !

— J'te dis qu'il vole.

– Arrête !

— Tu vas voir.

Il ouvre la fenêtre et il attrape le chien et il dit :

– Regarde ! Vas-y Bobby… vole !

Il balance le chien. Le chien s'écrase comme une merde huit étages plus bas.

L'autre lui dit :

— Tu vois j'te l'avais dit… C'est un chien… ça vole pas un chien…

L'autre, il dit :

— Non pff ! C'est pas qui vole pas… c'est qui m'obéit pas !

Après, il dit :

— Hé, Bobby, remonte ! Tu vois, l'obéit pas.

Quel est le plat français, par exemple, qui sent le cul de vache ?

C'est la langue de bœuf, c'est tout simple !

Et pourquoi les Lada ont une vitre arrière dégivrante ?

C'est pour pas avoir froid aux mains quand on les pousse… le matin !

C'est la mamie qui dit à son petit garçon :
— Tu vas aider mamie à mettre le suppositoire. Mamie va se mettre à quatre pattes.
Elle se met à quatre pattes et elle descend tout le bazar et tout et le p'tit il arrive derrière et lui dit :
— Heu… heu… mamie, j'le mets dans le trou du haut ou j'le donne au dindon ?

C'est le mec qui rentre tout le temps bourré à la maison et sa femme, elle lui dit :
— Tu vois le gourdin !?
Elle a des bras énormes.
— La prochaine fois que tu rentres en retard d'une minute, tu vois le gourdin, avec je t'explose la tête comme une pastèque.
Et le lendemain, il pleut, sa femme lui dit :
— Tu fais quoi aujourd'hui ?
— Je vais aller aux escargots.
— Bon, et tu rentres à quelle heure ?
— À seize heures… heu… je suis là.
— Attention ! Seize heures une, j'te tue !
Il y va. Il remplit son sac d'escargots. Il l'a sur l'épaule comme ça, tu vois. Et il est à trente mètres de la maison et y a le troquet qu'est là-bas. Il est quatre heures moins le quart, tu vois, et un mec dans le café lui balance :
— Hé, Mario, viens boire un verre !
— Ho…, qu'il se dit. Putain, j'ai le temps.
Il va dans le bistrot. Quatre heures et demie, six heures, deux heures du matin.
Ivre mort, il reprend son sac d'escargots en titubant. Pour rentrer chez lui, y a un palier avec un perron et là il bute contre la première marche, et chlac ! Tout

le sac d'escargots qui se renverse sur le perron. Et là, sa femme, elle sort en furie avec le gourdin prêt à assommer son mari. Et lui, il regarde sa femme, il regarde les escargots et il fait :
— Voilà, on est arrivés !

Le garçon arrive vers la dame et lui dit :
— Je recommande chaudement à madame la langue de bœuf.
Et elle :
— Ho non ! Quand je pense que ça sort de la bouche d'un animal… Donnez-moi plutôt un œuf.

Deux blondes sortent du bal. Elles ont trouvé personne. Elles sont à pied. Elles commencent à en chier. Elles ont mal aux pieds. Et tout d'un coup, y a un pré qu'est là. Y en a une, elle escalade la clôture, elle s'allonge sous une vache, comme ça, et elle se met à téter le pis de la vache. Et l'autre, elle dit :
— Qu'est-ce que tu fais Ghislaine ? T'es dingue !
— Laisse tomber… Laisse-moi faire. Sur les quatre, y en a bien un qui va nous ramener…

Un ver de terre sort de terre comme ça et pis tout d'un coup, il voit qu'y a un autre ver de terre qu'est là *(Jean-Marie a les bras levés en guise de ver de terre)* qu'a l'air de le regarder et puis alors, il fait la conversation et lui dit :

— Heu… beau temps hein !

L'autre pas de réponse… rien… il ajoute :

— Heu… pense qu'on devrait avoir un bon week-end normalement.

Zéro réponse.

— En tout cas on a eu une belle saison quand même. Vous êtes d'accord avec moi ?

Toujours rien.

Et tout d'un coup l'autre repart et le premier dit :

— Ho, merde, j'suis encore en train de parler à ma queue, putain !

Vous savez pourquoi les blondes, quand elles vont se coucher, elles ont toujours les cheveux mouillés ?

Parce qu'elles font toujours un p'tit bisou à leur poisson rouge.

C'est deux juges d'instruction qui font la ribouldingue et puis y en a un qui se gerbe dessus… Tu vois il se fait un gros vomi sur la veste. Son copain lui dit :
— Putain, tu vas te faire engueuler. Ta femme, elle est pas commode…
— Non, laisse tomber. Demain je vais lui raconter une histoire…
Le lendemain, sa femme lui dit :
— Dis donc, t'étais drôlement bourré hier, tu t'es encore dégueulé dessus !
Il dit :
— Non chérie, erreur, c'est un mec qui m'a dégueulé dessus. D'ailleurs, je l'ai foutu au trou, et je lui ai collé quinze jours.
Et sa femme lui dit :
— Bah, tu peux lui mettre quinze jours de plus, parce qu'il a chié dans ton froc aussi !

Vous savez pourquoi les femmes se grattent la tête le matin ?
Parce qu'elles ont pas de couilles.

C'est un mec en Afrique qui va rendre visite à son copain et il lui dit :

— Demain on va aller à la chasse aux gorilles.

— Ha bon, la chasse aux gorilles ! C'est génial ! Et ça se passe comment ?

— Bah, c'est tout simple, tu vas voir, hein ! On prend un pitbull. On a un pitbull énorme qu'est superméchant. On prend une paire de menottes et un fusil.

— Ha bon et ça se passe comment ?

— Tu vas voir. Je monte dans l'arbre. Je le secoue. Y a un gorille qui tombe. Là, le chien, t'as rien besoin de lui dire. Il est dressé à mordre les couilles du gorille, tu vois. Et là, le gorille fait : « Ouille Ouillouillouillouille. » Et toi, t'arrives avec les menottes et clac ! Tu lui mets les menottes au gorille. Et l'autre dit :

— Et le fusil, ça sert à quoi ?

— Alors ça, si c'est moi qui tombe de l'arbre, tu prends le fusil et tu tues le chien.

C'est deux mecs sur un banc public qui regardent un pitbull qu'est en train de se lécher les couilles. Et y a un des deux mecs qui dit à l'autre :

— Ha putain ! Qu'est-ce que je voudrais bien en faire autant !

L'autre lui dit :

— Vas-y ! Mais caresse-le alors d'abord.

Qu'est-ce qui sent à la fois les pieds, la chatte et le fion ?

Un collant de femme roulé en boule.

C'est un mec qui entre complètement bourré dans un bar. Il arrive vers le barman et il lui dit :
— Tu t'appelles comment ?
— Pierre.
— OK, Pierre, moi c'est Roger. Alors tu nous mets un canon à Pierre, un canon à Roger et tu mets un canon à tout le monde dans le bar. Tournée générale !
À peine ils ont fini, il dit :
— Tu t'appelles comment déjà ?
— Bah, je m'appelle toujours Pierre.
Et il dit :
— Moua, c'est Roger. Alors tu nous mets un canon à Pierre, un canon à Roger et tu mets un canon à tout le monde dans le bar.
Au bout de la huitième tournée générale, y a Pierre qui vient voir Roger :
— Roger, excuse-moi de t'emmerder avec ça, on est pote et tout… mais là tu me dois 475 euros.
Roger il dit :
— Tu m'excuses Pierre, mais j'ai pas un rond.
— Heu… tu déconnes Roger ?
— J'te le jure, merde, tu peux me fouiller, j'ai pas un rond.
Putain, il attrape le Roger, il le retourne, il le secoue dans tous les sens et tout. Il lui bourre la gueule.

Dehors, il le laisse dans une mare de sang.
Et, trois semaines plus tard, y a mon Roger qui revient, toujours bourré. Il arrive au bar, il dit :
— Tu t'appelles comment ?
— Pierre.
— Moi c'est Roger. Alors tu mets un canon à Pierre, heu non… tu mets pas de canon à Pierre, tu mets un canon à Roger, tu mets un canon à tout le monde.
Et Pierre, il dit :
— Et moi, je pue de la gueule ?
— Non, mais toi, quand t'as bu, t'es méchant…

Alors, c'est une femme, heu elle est désespérée. Elle vient d'apprendre que son mec la quitte. Elle se jette du balcon. Elle est toute nue, elle vient de prendre sa douche. Et elle tombe « Bang ! » sur le dos, comme ça. Alors, y a un attroupement qui se fait évidemment et pis y a un monsieur, il la voit toute nue comme ça sur le dos, tu vois. Il prend son chapeau, par délicatesse, comme ça, pour cacher la choupinette, il met le chapeau sur le truc. Y a plein de monde. Et d'un coup les pompiers qu'arrivent… sirène… l'ambulance et tout le bordel. Le capitaine des pompiers pousse tout le monde et dit :
— Bon les gars, faut d'abord dégager le monsieur !

C'est une femme, pour faire plaisir à son mari, c'est son anniversaire, elle lui dit :
— C'est une surprise, je t'emmène.
Hop ! Ils partent et ils arrivent devant une boîte de strip-tease pour faire plaisir à son mari.
Le mari descend et le portier lui fait :
— Salut Roger, ça va ?
Elle dit :
— Comment ça « Salut Roger ». Comment tu le co… ?
Lui :
— Nan, nan, nan, nan… C'est parce qu'en fait, il est au même club de golf que moi et c'est, c'est pour ça qu'on se connaît.
Ils descendent l'escalier, le barman, en bas, dit :
— Roger un double scotch ? Sans glace ?
La femme dit :
— Et lui ?
— Hé ben lui, justement, il est aussi ami, heu… ami et, en fait, il travaille au bar aussi du golf, tu vois…
Il a pas fini sa phrase qu'une fille avec les nichons à l'air arrive derrière Roger et fait :
— Roger ! *(Se trémoussant derrière Roger.)* Une petite gâterie comme hier ?
Sa femme, en furie, remonte l'escalier quatre à quatre. Lui, il lui court après. Elle s'engouffre dans un taxi. Il

arrive à monter dans le même taxi qu'elle. Elle lui dit :
— T'es un salaud… un gros porc… j'te déteste…
Et là, le chauffeur de taxi se retourne et lui dit :
— Bah dis donc Roger, t'es tombé sur une gueularde ce soir…

C'est un mec, le maître de maison est mort. Et donc, il reste Firmin qu'est là et la maîtresse de maison. Et d'un coup, ça sonne.
— Bah, Firmin, allez ouvrir !
Il va ouvrir, il revient et il dit :
— Madame, c'est des fleurs, pour le mort… heu… j'fais quoi ?
La maîtresse de maison, elle dit :
— Bah, dites donc Firmin, de son vivant vous avez toujours appelé Monsieur, **Monsieur,** je vous demanderais de continuer à l'appeler Monsieur.
Ding dong. Ça resonne.
— Bah, allez-y, Firmin.
Hop, il y va, il revient et il dit :
— C'est les croque-monsieur, j'les fait rentrer ou…

C'est le curé qui remplace son copain curé qu'est malade. Une classe de CM2 arrive là dans le confessionnal et y a un petit qu'arrive devant et qui dit :

— M'sieur le curé, voilà, j'ai sucé Antoine.

— Pardon ?

— Oui mon père, j'ai fait une pipe… à Antoine.

Le mec, il est un peu paniqué, il dit :

— Attends, tu bouges pas, tu m'attends, hein, là.

Le gamin, il va voir un enfant de chœur et il lui dit :

— Attends, j'suis pas habitué, heu… M'sieur le curé, il donne combien pour une pipe ?

— Ho, bah, un Mars et un Bounty.

Vous connaissez le fantasme de la panthère ? C'est d'avoir un manteau en peau de pute.

Vous connaissez la différence entre le drapeau corse et le drapeau russe ?

C'est que sur le drapeau corse y a pas d'outil.

Vous savez que Robinson Crusoé sur la fin de sa vie, il avait la maladie d'Alzheimer ? Tu sais comment il appelait Vendredi ?

L'autre jour.

Tu sais comment les Portugaises, elles donnent l'heure ?

Il est pff pff pff pff pff *(Jean-Marie souffle sur son avant-bras.)*. Dix… pff pff pff pff pff… et demi.

Vous savez pourquoi les hippopotames font l'amour dans l'eau ?
— Bah, t'essaieras de mouiller une chatte de 200 kilos !

Un Marseillais s'est échoué sur une île déserte. Son navire a fait naufrage. C'est le seul rescapé. Il est arrivé à nager jusqu'à cette toute petite île déserte. Ça fait six ans qu'il est là. Il a une barbe comme ça. Il bouffe des noix de coco et du poisson cru comme *Seul au monde*, vous avez vu le film, nan ?! Mais c'est vrai, il est comme ça et puis, il s'est construit entre-temps une cabane en bambou. Il s'est fait une petite cabane, tu vois, et puis ça va à peu près. Et puis, à l'endroit le plus haut de l'île, il a fait, avec du bambou, il a monté un cadre énorme, tu vois, du genre 8 mètres sur 3, comme ça, un cadre en bambou. Il a écrit à l'intérieur « Allez l'OM », tu vois, putain, un Marseillais. Il a que ça à foutre donc, il l'a mis voilà, quoi. Et putain, au bout de six ans, y a un navire qu'arrive à l'horizon.
— Capitaine, prenez les jumelles.
Il prend les jumelles et il dit :
— Ho putain de Dieu… ho putain « Allez l'OM »… putain, y a un mec là-bas… ho ! faut aller le sauver, c'est un collègue, c'est un Marseillais à tous les coups…
Il arrive donc. Le navire s'approche du truc et ils mettent la chaloupe à la mer et surtout, ils prennent la bouteille de pastis et les glaçons, les olives et puis une bonne gamelle de bouillabaisse bien chaude, hein ! Le capitaine, il emmène tout ça et quatre marins. Ils

rament, ils arrivent et le capitaine, il dit :
— Saute... Ho, tu es de Marseille !
L'autre, il dit :
— Ho oui, je suis de Marseille !
— Dans mes bras !
Il le prend dans ses bras.
— J'ai sauvé un Marseillais, putain. T'aurais pas envie d'un petit pastis ? Tu sais quoi, je nous ai amené du pastis dans la chaloupe.
— Oh, ouais, bien sûr !
Le capitaine dit à un de ses marins :
— Donne le pastis, les glaçons, les olives...
L'autre prend un pastis.
— J'me souvenais plus du goût, putain, c'est bon.
— Un p'tit coup de bouillabaisse, ça te dirait la bouillabaisse ?
— Capitaine, me dites pas que vous avez emmené la bouillabaisse dans la chaloupe !
— Hé, ho ! On est marseillais ou pas ? Allez, amène la bouillabaisse.
L'autre, il mange la bouillabaisse. Il se régale, tu vois. Et là, le capitaine, il le regarde, il le tape dans le dos et lui dit :
— Putain, six ans sans tirer un coup, ça doit te manquer quand même... hein ?
— Attendez... attendez... me dites pas que vous avez emmené les boules...

C'est deux mecs bourrés, complètement bourrés, ils rentrent à la maison. Y en a un qui fait :
— Chut… Chut…
Il ouvre la porte tout doucement :
— Viens, je vais te faire visiter la maison. Tu vois, là, c'est la chambre des enfants, là c'est le salon et là, c'est la chambre…
Il ouvre la porte et il dit :
— Regarde, là, tu vois… c'est ma femme et le mec à côté, c'est moi.

Un mec rentre chez lui et trouve sa femme au lit avec son amant. Il ouvre la porte, il est prostré comme ça. Sa femme, elle regarde son mari et lui dit :
— Mais fais pas cette gueule-là, regarde comment il fait plutôt !

Y a un mec qui dit :
— T'envoies ta femme au Club Med cette année ?
L'autre répond :
— Nan, nan, cette année, je vais la baiser moi-même.

Alors c'est Placido Domingo qui rencontre Luciano Pavarotti le grand ténor, le grand chanteur, et y en a un qui dit à l'autre :
— Ça va ?
— Ouiiiiii, ça va, j'ai joué à Milan, la semaine dernière. Forrrrmidable, 450 000 personnes, 42 rappels, forrrrmidable. À un moment, pendant que je chantais, y a une statue de la Vierge à Milan qu'elle s'est mise à pleurer, les larmes sortaient de la pierre, tout le monde à genoux *miraculo, miraculo*. Et toi ?
— Et moi j'ai chanté trois jours à Rio... Formidable aussi : 850 000 personnes, 82 rappels, y a un moment pendant que je chantais, y a Jésus Jésus Jésus, qui l'est sur la croix et il est descendou à pied, descendou à pied... ch'sais pas si le concert lui plaisait ou quoi ? Il est monté sur scène, il m'a pris dans les bras, il m'a dit : « Tou es formidable, c'est pas comme l'aut'con qui a fait pleurer ma mère à Milan ».

Vous savez qu'on dit les chiottes à la turque. En fait, c'est les Belges qu'ont trouvé en premier... c'est que trois cents ans après que les Turcs ont rajouté un trou...

Les mamies qui discutent. Y en a une qui dit :
— Moi, j'ai des pertes de mémoire, c'est plus possible, en vieillissant. Je me lève, l'autre jour, je veux aller acheter des tomates, j'arrive chez le maraîcher qui me dit :
— Vous voulez quoi madame Michou ?
Impossible de me souvenir dites donc.
L'autre, elle dit :
— Moi, ça m'a fait pareil avec mes côtes de bœuf, quand je suis arrivée chez le charcutier je m'en rappelais plus.
Et la troisième, elle dit :
— Moi, y a des trucs qui vont pas : j'ai mal partout mais par contre moi, j'ai une mémoire… *(Jean-Marie toc sur le sol)…*
La mamie elle fait :
— Entrez !

Vous savez comment meurt un neurone de blonde ?
Tout seul.

C'est un mec, il est au pôle Nord et il se balade entre les igloos. Et d'un coup, dans un des igloos, il entend :
— Han, han… Ouf, ouf… Han, han… Ouf, ouf… Han, han… Ouf, ouf.
Et t'as vu là, il s'approche, il repère l'igloo, il se penche, il regarde et là, il voit la femme esquimaude, elle est comme ça *(Jean-Marie se met à quatre pattes)*… sur la glace, tu vois. Y a le mari qu'est derrière et hein hein et ouf ouf *(Jean-Marie souffle tour-à-tour sur sa main gauche et sur sa main droite)*…

Monsieur et Madame « La-R16-dans-le-garage » ont un fils.
Igor.
Igor La-R16-dans-le-garage.

Vous savez ce qui passe par la tête d'un moustique qui s'écrase à deux cents kilomètres/heure sur le pare-brise de votre voiture ?
Le fion.

Un mari et sa femme sont dans leur lit le soir. Elle lit sa revue et, tout d'un coup, elle dit à son mari :
— C'est quoi ton type de femme ? Tu préfères les femmes très belles ou les femmes très intelligentes ?
– Bah, chéri, aucune des deux, c'est pour ça que j't'ai choisie.

C'est un couple, ils dorment, ils sont dans leur chambre et tout d'un coup, le téléphone sonne… Putain le mec, il allume la lumière, il regarde le réveil : deux heures du matin. Il décroche et fait :
— Quoi ? Mais comment voulez-vous que je le sache… Hé bah, téléphonez à la SNCF… C'est ça, vous demandez… les renseignements de la SNCF…
(Jean-Marie énervé.) Et clac, il raccroche et sa femme, elle lui dit :
— Mais c'était qui chéri ?
— Bah, j'en sais rien, c'est un crétin qui me demandait si la voie était libre…

Tu sais comment les Portugaises, elles donnent l'heure ?
Il est dix heures *(Jean-Marie souffle sur sa montre en bougeant la tête de gauche à droite.)*.
Et demain ?

C'est un héroïnomane, un cocaïnomane, un mec qui fume de la marijuana, ils sont en cellule, tu vois. Le cocaïnomane dit :
— Je sais ce qu'on va faire. Je vais prendre mon élan et je vais casser la cloison avec ma tête.
L'héroïnomane lui dit :
— T'es con ou quoi, ce qu'on va faire, c'est s'envoler, on va partir par le toit.
Et le fumeur dit aux deux autres :
— Hé les gars ! On n'est pas bien là ?! Hihihihi !

Est-ce que vous savez ce que fait une blonde qui vient d'apprendre que 80 % des accidents, on les a à moins de 500 mètres de chez soi ?
Elle déménage.

Ça se passe à Marseille. Saturnin arrive dans un bar, dimanche matin comme d'habitude et tout le monde lui dit :

– Hé Saturnin ! T'es allé à la chasse ?

Saturnin dit :

– Ho, ouais, comme d'habitude.

– Alors tu as tué quelque chose ?

– Ho, putain, tu te rends pas compte, j'arrive dans le bois, un troupeau de biches énorme... J'épaule, je tire, putain, la plus grosse biche, elle tombe direct... à terre.

L'autre lui dit :

– Ouais, d'accord, mais elle est où ta biche, Saturnin, tu peux nous la montrer ?

– Non trop grosse. J'ai pris le poignard, j'ai coupé une cuisse, je l'ai mise sur l'épaule. Putain, deux minutes après, un troupeau de sangliers, énorme, qui me déboule. J'épaule et je tire la deuxième cartouche, le plus gros sanglier tombe à terre.

Et l'autre dit :

– Hé ! Il est où, Saturnin, attends, ton sanglier ?

– Trop gros. Je prends le poignard, je coupe une cuisse, et je la mets sur l'autre épaule. Putain, deux minutes après...

À ce moment-là, y a un mec qui rentre dans le bar et qui crie :

— Saturnin ! Magne-toi le cul, y a ta bagnole qui gêne.
— Ouais, j’arrive…
Il revient. Et puis là, il a un trou de mémoire. Il se tourne vers le patron du bar et il dit :
— Heu… j’en étais où ?
Le patron, il dit :
— Bah, t’avais une cuisse sur chaque épaule et ouais. Après tu lui as bouffé la chatte pendant des heures.

C’est des vieux qui discutent des pertes de mémoire, tu vois. Y en a un tout d’un coup qui dit :
— Moi, attendez les gars, j’ai un médicament, pour les pertes de mémoire, qu’est sensationnel. Le nom du médicament, c’est, heu… c’est heu… merde, merde, merde !
Et là, il se tourne vers le heu… il veut appeler sa femme. Il se tourne vers la cuisine et il fait, heu, ho merde. Il dit :
— Comment ça s’appelle, ha putain, les fleurs qu’on achète aux filles quand on est amoureux, qui piquent, *(le public : « les roses »)* les roses. Voilà, Rose ! C’est comment le nom de mon médicament ?

C'est André Pousse qui m'a raconté cette histoire vraie. André Pousse qui est au ciel maintenant. Il va à Marseille, il prend un taxi, il monte donc. Le taxi arrive à un embranchement. Vrai, de toute façon, ça ne s'invente pas. Et le taxi, il grille le feu rouge, alors il regarde à gauche, à droite, tu vois… et il grille le feu rouge et André lui dit :
— Mais, vous grillez tout le temps des feux rouges comme ça ?
Et le taxi marseillais lui répond cette phrase magnifique :
— Hé non, mais celui-là, ils l'ont implanté y a deux ou trois ans, mais ça a pas pris…

Le mec qui dit à son pote :
— Si tu veux ce soir je t'invite à une partouze. Ça te dit ?
Ah bah l'autre, il dit :
— Ouais, génial, on sera combien ?
— Bah écoute, si tu viens avec ta femme on sera trois.

C'est une dame qu'habite dans la montagne avec son vieux bouc, c'est son compagnon, tu vois, elle aime son vieux bouc. C'est son seul et unique compagnon et le bouc, il tombe très très malade. Elle fait venir le vétérinaire qui se cogne trois heures à monter la montagne. Il arrive en haut et il regarde. Elle lui dit :

— Alors docteur, qu'est-ce qu'on va faire ?

Le vétérinaire lui dit :

— Écoutez madame, je vais pas vous mentir… votre bouc, il est en fin de vie, quoi, il va…

Elle dit :

— Mais qu'est-ce qu'on peut faire ? On peut pas faire quelque chose, pff ?

— Ho, il y aurait bien un truc !

— Quoi ? Quoi ?

— Attention ce qui pourrait peut-être le prolonger… un petit peu…

— Ce serait quoi ?

— Bah, ce serait que vous le mettiez chez vous, carrément dans la maison, au chaud, mais bon, ça, c'est pas possible à cause de l'odeur.

La vieille dame dit :

— Ho, bah, l'odeur ! L'odeur, faudra bien qu'il s'habitue !

La maman, elle surprend Toto sous la douche en train de se branler, tu vois…

– Bah, Toto qu'est-ce que tu fais !

Toto dit :

– Bah, quoi ! On ne peut plus se laver à la vitesse qu'on veut !

Vous connaissez la différence entre un mec qui saute du dixième étage et un mec qui saute du premier ? Celui qui saute du dixième, ça fait :
« Ahhhhhhhhhhhhhhhhhh ! Ban ! »
Celui qui saute du premier, ça fait : « Boumm ! Ahhhh hhhhhhhhhhhhhhhhhhhhhhh ! »

C'est un petit garçon, il entend du bruit la nuit. Il arrive pas à dormir. Il entend du bruit dans la chambre de ses parents. Il y va. Il regarde par le trou de la serrure et là, il voit son papa tout nu et sa maman toute nue aussi, qui est assise à cheval dessus. Papa il est allongé comme ça, il est à cheval dessus et puis il la chevauche comme ça tu vois *(Mimique de Jean-Marie.)*. Il remonte dans sa chambre et, le lendemain, il va voir sa mère et lui dit :
— Maman, je te demande pardon, mais cette nuit je suis venu regarder dans votre chambre par le trou de la serrure.
Et elle dit :
— Ha oui Jérôme, alors, bien ?
— J'ai pas bien compris. Tu sautais comme ça sur papa, tu étais toute nue sur papa *(Mimique de Jean-Marie.)*.

Alors la mère, un peu gênée, lui dit :
— Attends, bon, écoute Jérôme, je vois, je vois ce que tu as vu, je vois très bien, alors je vais t'expliquer, j'vais t'expliquer Jérôme, c'est tout simple. Voilà, tu as remarqué que papa, il a un peu un gros ventre, hein, tu vois et alors, donc maman, hier soir, elle s'était dit hier soir, ben tiens heu bah maman, elle va sauter *(Mimique de Jean-Marie)* comme ça, sur le ventre de papa, pour essayer de l'aplatir, tu vois Jérôme.
Jérôme dit :
— Mais maman, ça marchera jamais !
— Bah, pourquoi tu me dis ça, Jérôme ?
— Bah parce que, le matin, la bonne, elle le regonfle *(Jean-Marie fait mine de prendre un sexe dans la main.)*.

C'est un Esquimau, il creuse un trou dans la glace et tout d'un coup, il entend une voix qui dit :
— Y a pas de poisson ici.
Il va à côté, tu vois, dix mètres plus loin hop, il commence à recasser la glace, il entend à nouveau :
— Y a pas de poisson ici.
Il relève la tête et il dit :
— Qui me parle ?
— C'est le directeur de la patinoire.

C'est le papi qui dit à la mamie :
— Mémé, on est vieux, on peut encore un p'tit peu marcher, j'aimerais bien qu'on aille faire l'amour, tu sais, au bout du champ, comme quand tu t'étais appuyée comme ça contre la barrière.
– C'était tellement bien ! Bon, allez, viens, on y va.
Ils y vont. Il baisse son froc. Il essaie de s'astiquer son truc… *(Jean-Marie fait le geste, la secoue de haut en bas.)*. Elle, elle se baisse comme ça, elle prend la barrière et elle se met à vachement bien gigoter. Oh, putain ! L'autre, il a la gaule de plus en plus. Il la bourre et elle fait jouir le pépé, tu vois, et le pépé, il dit :
— Tu vois, comme à 20 ans.
Et la mémé, elle dit :
— Oui, mais… à nos 20 ans, la barrière n'était pas électrifiée.

Hé, vous connaissez les mensurations de Régine ? 90-60-90… pareil pour l'autre jambe.

Une petite fille, elle entend du bruit dans la chambre de ses parents.
Elle entrouvre la porte, elle regarde comme ça consternée, tu vois, elle fait :
— Pff… quand je pense qu'ils veulent me faire voir un psy parce que je suce mon pouce.

Deux mecs en Caddie. Tout d'un coup, y en a un qui cogne dans le Caddie de l'autre.
— Non mais dites donc, faites attention, regardez au moins ce que vous faites !
— Ho ! Excusez-moi, j'avais la tête ailleurs, je cherchais ma femme, en fait, j'ai perdu ma femme.
— Bah moi aussi j'ai perdu la mienne !
— Bah on peut peut-être les chercher ensemble ? Elle est comment la vôtre ?
— La mienne, elle est grande, blonde, elle a des yeux bleus, une bouche charnue, une généreuse poitrine, des jambes superbes, elle a un petit tailleur noir un petit peu trop décolleté pour moi, heu… avec… un petit chemisier, heu… transparent et une chevelure sublime. Et la vôtre ?
— Ho, on laisse tomber la mienne, on va chercher la vôtre.

C'est un mec, ça commence mal. Il arrive chez le médecin : cancer de la gorge.
— Malheureusement, heu… *(Avec une voix enrouée)* j'suis emmerdé.
— Ben écoutez ! On pourra plus vous alimenter par la bouche, mais heureusement, j'ai une bonne nouvelle pour vous, on va pouvoir vous alimenter par l'anus. C'est tout nouveau, heu et si vous voulez, je peux vous faire un petit repas, si ça vous dit ?
Le mec dit :
— Bah, oui ! Pourquoi pas docteur ?
Il se met à quatre pattes sur le bureau tout nu, tu vois.
Le docteur arrive derrière et lui dit :
— Je vous mets des carottes râpées en entrée.
Bah… oui, j'essaye.
Donc le docteur lui bourre bien les carottes râpées dans le truc.
— J'ai du hachis parmentier, c'est le menu du jour.
— Ouais.
Le docteur prend un p'tit peu de hachis pareil… tac… il bourre bien.
— J'ai un petit saint-marcellin qu'est formidable.
— Ouais saint-marcellin, j'adore.
Hop ! Il prend un petit bout de saint-marcellin… bourre bien dans le truc.

– Un p'tit café avec ça ?

— Bah, c'est pas de refus.

Il prend le café, il verse et l'autre il fait :

— Ha !

L'autre dit :

— C'est trop chaud ?

— Nan c'est pas sucré.

Et quinze jours après, il revient voir le médecin, le mec, il est comme ça *(Jean-Marie gesticule des fesses)*...

— Qu'est-ce qui se passe ? Vous avez un problème ? Une démangeaison au niveau de l'anus ?

— Non, je mâche du chewing-gum !

Crédit photographique : COADIC GUIREC

Dépôt légal : juin 2010
Achevé d'imprimer en juin 2010 en Italie par LEGO SpA,
sur papier provenant de forêts gérées de manière durable.